A VOZ
QUE VEM
DOS POROS

Salgado Maranhão

A VOZ
QUE VEM
DOS POROS

Seleção e organização de
Rafael Quevedo e Vagner Amaro

malê

Todos os direitos desta edição reservados à Malê Editora e Produtora Cultural Ltda.
Direção: Francisco Jorge & Vagner Amaro

A voz que vem dos poros
ISBN: 978-85-92736-83-5
Edição: Vagner Amaro
Concepção de capa: Vagner Amaro
Capa: Dandarra Santana
Diagramação: Maristela Meneghetti

Texto revisado segundo o novo Acordo Ortográfico da Língua Portuguesa.
Proibida a reprodução, no todo, ou em parte, através de quaisquer meios.

Dados internacionais de catalogação na publicação (CIP)
Vagner Amaro – Bibliotecário - CRB-7/5224

M311v	Maranhão, Salgado
	    A voz que vem dos poros. / Salgado Maranhão; seleção e organização de Rafael Quevedo e Vagner Amaro — 1. ed. — Rio de Janeiro : Malê, 2023.
	    252 p.
	
	    ISBN 978-85-92736-83-5
	    1. Poesia brasileira I. Título.
	                                            CDD B869.1

Índices para catálogo sistemático: 1. Literatura: poesia brasileira B869.1

malê

Editora Malê
Rua Acre, 83, sala 202, Centro. Rio de Janeiro (RJ)
www.editoramale.com.br
contato@editoramale.com.br

Sumário

Salgado Maranhão em corpo e voz 11
A sagração dos lobos I 17
Felino 19
A pelagem da tigra 21
Trans 23
Aboio 25
Do tempo 27
A fênix 29
Mater 31
O poeta e as coisas 33
O canto 35
Réstia 37
Ladrante 39
Nudez 41
Da lâmina 43
Como um rio V 45
Boi de prata 47
Tambores 49
Torrão 51
Origem 53

Origem II 55
Paisagem 57
Paisagem II 59
Chão de mitos 61
Amada 63
Prisma 65
Poesia V 67
Pérola 69
Desenredo X 71
Quem? 73
Pré-logos 75
Autorretrato 77
Deslimites X (taxi blues) 79
Memorália IV 81
Negro Soul 83
Cena verbal XXX 85
Ainda 87
Casca mítica IV 89
Casca mítica III 91
Pária 93
Lacre XII 95
Poesia VIII 97
Como um rio VII 99
Poesia XXXIV 101
Cantaria IX 103
Poesia XVIII 105
Poesia XXIX 107
Poesia XXXII 109

Pedra de Encantaria VI 111
Cantaria I 113
Cena verbal XVI 115
Punho da serpente 117
Voz 119
Delírica XII 121
O azul e as farpas 123
Ilhéu 125
A sagração dos lobos X 127
Poesia IV 129
Pedra de encantaria IX 131
Cena verbal XLVII 133
Páramos 135
Desenredo VI 137
Viajor 139
Lacre I 141
Magna I 143
A tela 145
Nômade 147
Do mar I 149
Bilro 151
Limítrofe I 153
Anne, ... 155
O retorno 157
Ofício 159
Terra sem nome 161
Cena verbal XXV 163
Cena verbal XLIII 165

Cena verbal X 167
Filho 169
Predicado do sujeito 171
Flash 173
Fortuna 175
Verbo 177
Verbo II 179
Horas rubras 181
*Movie*mento 183
Filme *noir* 185
Terra minha 187
Tributo a Alejandra Pizarnik 189
Flor de amido 191
Lavra 193
Anunciação 195
Progênie 197
Neniarias e/ou fotogramas verbais III 199
O sol de Sócrates 201
Sentença 203
Delírica V 205
O invisível 207
Tributo a Torquato Neto 211
Haicai II 213
Cena verbal IV 215
Magna II 217
Magna III 219
Lacre III 221
Lacre IV 223

Relíquia 225
Ecos de sã-disse..227
Memorália I 229
Kuarup 231
Yanomami..233
Fero...235
Limítrofe V..237
Aves e víveres 239
Reza Urbana..241
A voz que vem dos poros (Alien) 243
Índices 245

Salgado Maranhão em corpo e voz

"[...]
e ao ter somente a voz como caminho,
agarro a poesia pela crina
e me arrimo na minha própria rima."
("A voz")

O título deste livro vem de um poema até então inédito de Salgado Maranhão, escolhido para encerrar esta Antologia integrada por poemas publicados pelo autor desde sua estreia, no lançamento coletivo intitulado *Ebulição da escrivatura - treze poetas impossíveis*, de 1978, até seu mais recente livro, o *Pedra de encantaria*, de 2021. O título e o poema não poderiam ser mais representativos dessa trajetória, uma vez que contêm um pressuposto fundamental da lírica salgadiana: o da dimensão de corporeidade que assume a voz poética em toda sua obra. Essa figuração de um eu corporificado está intimamente relacionada com o caráter chão, telúrico e existencial das questões que enuncia, razão pela qual a dimensão situada desse eu lírico é reiteradamente assinalada de variadas maneiras, das quais "guardo no corpo a memória" ("Tambores") e "[...] as matracas e os tambores/ávidos e era em minha carne/

que tocavam" ("Cena verbal 43") são apenas alguns dos muitos exemplos.

Se o corpo é o abrigo da memória, como se viu em "Tambores", claro está que a voz, sua emissão, reverbera não apenas as vivências mais imediatas do aqui-e-agora, mas também algo de outra ordem: "o rito da voz ancestral/antes do cogito e da parabólica", como consta no mesmo poema. Nesse sentido é que o sujeito poético da obra de Salgado Maranhão, na medida em que possui os calcanhares fincados em um solo, por assim dizer, atávico, ativa, em sua voz, um revérbero ancestral.

Os poemas reunidos nesta Antologia pretendem oferecer uma visão da trajetória poética de Salgado Maranhão captada sob dois prismas: o da diversidade de seus expedientes formais e o da reiteração de um núcleo imagético em torno do qual a sua obra orbita.

Em relação a esse segundo ponto, por núcleo imagético queremos nos referir a um repertório de elementos reincidentes, mas que, a cada livro, apresenta formulações e perspectivas semânticas variadas em decorrência dos novos contextos com os quais interage. Poderíamos mencionar, a título de exemplificação, a emblemática presença do complexo imagético associado à figura do ancestre. De "o rito da voz ancestral", do já citado "Tambores" (do livro *Punhos da serpente*, de 1989), até um poema mais recente, o "Pedra de encantaria VI", de 2021, esse tópico é reiteradamente evocado. O leitor desta Antologia verificará sua reaparição em "Do mar 1" ("Ó perdido ancestre das águas!/Ó memória imemorial!") ou, ainda, em "Como um rio 5" em que o poeta dispõe os griots de sua terra frente à "fogueira dos ancestres" e ao "ronco do eterno".

A reincidência de elementos como esse que mencionamos indicia a centralidade que ocupam tais imagens dentro do todo da obra do autor de *A voz que vem dos poros*. Por outro lado, se observadas as diferentes formulações que recebem em cada nova atualização, o que se verifica é a interessante conexão que estabelecem com outros tópicos, tal como o da viagem, dentro do qual se incluem a própria figura do "viajor" e formulações acerca do retorno à terra e aos temas do tempo e da memória. Esse conjunto de imagens, temas e questões, concilia-se com interessantes formulações poéticas em chave metalinguística cujo significado tem a ver, justamente, com o fato de que a tarefa do poetar, em Maranhão, identifica-se muito intimamente com a busca de um sentido. Em outras palavras: a viagem, quase sempre de retorno, corresponde a uma tentativa de apropriação de um fundamento (daí o acionamento de um campo semântico ligado a atavismos e arquétipos) e sua perquirição coincide com um determinado modo de se conceber o poetar. A esses dois eixos fundamentais: o da ancestralidade e o da metalinguagem, incluiríamos ainda o do erotismo, de modo a configurar aqueles que nos parecem os principais complexos norteadores da poética salgadiana.

Retomando o que assinalamos no primeiro parágrafo acerca dos critérios que balizaram a seleção de poemas que integram este livro, no que diz respeito à pluralidade de formas e recursos poéticos que atravessa a obra do poeta maranhense, talvez seja oportuno fazer menção a um dado da formação cultural de Salgado Maranhão que, provavelmente, não viria a ser arbitrário associá-lo a suas escolhas de registros de linguagem e de estilo, senão vejamos.

O menino José Salgado Santos passou a infância campesina

dos anos de 1950 e parte da década de 1960 em meio a manifestações da cultura popular e folclórica nordestina que, como não poderia ser diferente, fecundou seu arcabouço imaginativo, assim como nutriu-lhe também de ritmos, cadências e sonoridades. Tardiamente ingressado na educação formal (vindo a alfabetizar-se somente na adolescência), o contato do autor com a poesia livresca constituiu sua inserção em um novo universo a que, posteriormente, na década de 1970, veio a se somar a convivência com as manifestações artísticas modernistas na poesia e na canção. Vale registrar, nesse aspecto, a importância decisiva da figura de Torquato Neto para os rumos que Salgado Maranhão viria a tomar a partir de então. Por ocasião da morte do artista e amigo piauiense, Salgado escreveu um poema publicado em *Punhos da serpente*, incluído nesta Antologia.

Isso posto, aventamos aqui a explicação segundo a qual a obra salgadiana apresenta uma exitosa convivência entre a poesia erudita e o universo popular. No poema "Tambores", por exemplo, o eu lírico refere-se a sua mãe como "a camponesa que amava latim". A menção aparece em meio a um contexto em que se representa uma dança ao som de tambores de origem africana e isso nos parece bastante significativo e emblemático, diríamos, do seu projeto estético que combina referências à cultura clássica mediterrânea (com intertextos com Homero, por exemplo) e ingredientes de tradição africana. Sugerimos ao leitor que coteje os ritmos de "Aboio" e de "O retorno" e atente para o que evocam as diferentes musicalidades produzidas pelas redondilhas maiores de um e pelos decassílabos (em sua maioria heroicos) do segundo.

Ainda no tocante ao âmbito dos registros estilísticos, interessante atentar para o arco que vai da dicção *pop*, que ecoa a estética da "poesia marginal" brasileira, contida nos poemas selecionados da antologia de estreia *Ebulição da escrivatura*[1], até um aspecto de seu estilo que comentadores e críticos costumam assinalar frequentemente e que o poeta Geraldo Carneiro chamou de "instabilidade semântica, sem paralelo na poesia brasileira" e, na mesma ocasião, de "semântica selvagem", "imagens admiravelmente extravagantes, quase indecifráveis"[2].

Por fim, não deixamos de fora desta seleção poemas que primam pela brevidade (como "Haikai 2" e "Ofício") e construções menos praticadas pelo poeta, como o poema em prosa intitulado "Flor de amido". Sugerimos também ao leitor que conceda especial atenção à fatura poética dos sonetos de Salgado Maranhão (a exemplo de "O azul e as farpas" e "O retorno"). O poeta, juntamente com alguns de sua geração, como Paulo Henriques Britto, Geraldo Carneiro e Antonio Cicero, ainda é um dos poucos a cultivar essa forma clássica, sem passadismos ou saudosismos, mas acatando o jogo da inovação com a tradição do gênero lírico que é e continua a ser, afinal, o mister do poeta.

Rafael Campos Quevedo
São Luís, 4 de agosto de 2023.

---

1 Os poemas são: "Predicado do sujeito" e "Flash".
2 Os trechos citados constam no posfácio ao livro *Mural de ventos* e nas "orelhas" da edição de *O beijo da fera*, de 1996, pela editora 7Letras.

A sagração dos lobos I

Por hoje, aguardo
essa fatia de amanhãs
sob o peso
        dos calcanhares.
as ruas turvas
das estações
e seus ossos floridos.

A quem chamo
para compartir
este acaso, esse
        inverno de túmulos?

Disseram-me
para cantar junto
ao fogo,
        com os neo-
bárbaros, com
a inclusão da escória
in natura...

(e a sagração dos anjos
cegos que carregam
lenha para o inferno).

Felino

dentro da jaula do peito
meu coração é um leão faminto
que devassa a madrugada
como um felino atento
seguindo a órbita da urbe
e a têmpera do tempo.
já foi casa de marimbondos
já foi covil de serpentes
já foi um sol sob as nuvens.
vez em quando veste a calma
de uma floresta sem pássaros,
enquanto rosna em sigilo,
afiando as garras para o próximo salto.

A pelagem da tigra

São feitas de crisântemos as fibras
desse fogo que se molda à palavra
(e a esse jogo em que o amor se equilibra
como se a vida, então, lhe fosse escrava);
ou, talvez, da pelagem de uma tigra
(que ocultasse um vulcão em sua lava)
para blefar que fica enquanto migra
para fingir que beija quando crava.
Mas isto são hipóteses ou arenga
ao que se queira e não está à venda:
um terçar de lábios na carne brusca.
São só pegadas do que seja a lenda
de algum tesouro que se nos ofusca,
que ao tê-lo não se tenha mais que a busca.

Trans

Estou grudado à pele
destes signos
         que me adestram
pela noite imêmore.

Por eles me relâmpago
entre matilhas, neles
teci minhas ráfias de luz
         e sombra, deles
são meus labirintos de safira.

Um dia uma fênix
grafou meu nome
         em suas asas;
desde então me encanto
         (apenas)
para renascer:

transbordante em cada mim.

Aboio

Quem olha na minha cara
já sabe de onde eu vim
pela moldura do rosto
e a pele de amendoim
só não conhece os verões
que eu trago dentro de mim.

A vida desde pequeno
sempre cavei no meu chão
da raiz da planta ao fruto
fazendo calos na mão
eu aprendi matemática
descaroçando algodão.

Carcarás, aboios, lendas,
são minha história e destino
tudo que a vida me deu
é tudo que agora ensino
na quebrada do tambor
eu sou velho e sou menino.

Do tempo

I
Decola dos dias ávidos
para o colo da sintaxe
o ermo
        voo da língua
sob a voz. Pulsa
nos átrios
        a espessa urgência
da dor
no átimo que o tempo
inscreve
        o que nos ergue
e nos renega.

Pulsa a voragem
        da chama
sobre a íris
no rastro que o tempo grafa
nossa incerta iluminura.

II
Devagar
as palavras amanhecem
para exaltar o que não fomos.

O poema se debate
entre pupilas,
dói no espelho,
dói no sopro e dói

onde a luz é pedra
onde o osso é uivo;

ruge sob as veias ocas
a resgatar o espectro
larvar
das palavras adormecidas; arrima-se

na lâmina
que se irmana
à possessão da vertigem.

O poema-carne,
cingido a pregos
e a tijolos crus,
arrebenta o mar
que nos inunda.

A fênix

Tornei-me pássaro
em meus assores,
buscando um segundo andar
no tempo. Aro
revanches na tarde
e vívido voo em mim.

Tornei-me argila e aço. Nevo
lavas de amor e amargo. Fenix
a cantar para as cinzas.

Sinto na veia o revérbero
— nave rítmica —
a dublar o silêncio.

Pesco a manhã
— bailarina de raios —
a despir meus remendos.

E essa adaga de sonhos
feita de sangue e exemplo
cravada no coração,
meu templo.

Mater

"Fico aqui debaixo destas palmeiras, assuntando o tempo, recebendo a mensalidade das plantas"
Raimunda Salgado

I

De ti não há sequer
um álbum de família:
retratos da infância
nos campos de arroz e gergelim.

Talvez reste em pensamento
pedaços de tua voz
                    no vento
como impressões digitais
num rio.

II

No dia em que o azul
roubou teus olhos
e o silêncio rival rasgou
teu nome,
cotovias cantaram no meu rastro.
No dia em que a manhã
cerrou teus olhos.

III

Sem ti
sou a flor da árvore
desolada. Agora
o mar bate em minhas rochas
e a noite ronda meus calcanhares.

O poeta e as coisas

as coisas querem vazar
o poema
em sua crosta de enredos,

as coisas querem habitar
o poema
para serem brinquedos.

chove nas fibras
de alguma essência secreta
e poema rasga
        a arquitetura
do poeta.

O canto

Canto as arestas do árido
onde mora minha tribo.

Canto o que reluz do pó
dentro da casca e da cor.

Canto aos tentáculos do amor
que visam içar o azul.

Canto o despudor do onírico
onde ele é múltiplo e é único.

Canto o que sou e o que queres,
canto ao gozo das mulheres.

Canto ao vivendo e seu jogo
na estalagem dos lobos.

Canto por tudo e porquanto
canto a canto e desencanto.

Réstia

Talvez seja só esta
manhã
        obsessiva — este
exílio
que atravessa os olhos —
a única réstia.

E o voo
soletrado ao mármore
ante o circo de ruínas
e a dança dos búzios.

Talvez não haja
mas que um raio,
uma centelha
        encravada,
onde um deus lambe
a memória.

Ladrante

Ouço ladrar uma ausência
que me rasteja:
         loba
a rosnar
com a pata dos brutos.

Ouço com os dentes;
sinto com as unhas
tangido pelo que
         em mim
é instinto e êxtase.

Estou escrito
em muitos nadas
e bateram em minha porta
         com um nome
que já não sou:
         borda de estrada
comida pelo deserto.

Posso estar louco
como a tempestade;
posso estar enfermo
como as utopias.

Mas grito na carne
uma acesa sanha de ser.
Um raio de pernas ruivas
rasgou meu silêncio,
desde então sou somente
este abrigo de enredos.

Esta porta aberta aos pássaros.

Nudez

Andam em toda parte
essas estações feridas
pelo pôr do sol. Assustadas

pelo dramático apelo
do fim (e o frio
que adoece as palavras).

Não pergunta ao rio
o caminho das águas,
salva apenas o fruto
da sua nudez.

Ainda que o amor ofídico
rasteje sob as tulipas,
a vida baila
        até quando envenena.

Da lâmina

Do silêncio da faca
que entre frutas medita
seguem-se alegorias
das artérias aflitas

que de susto vislumbram
o que na faca alude
em seu bote certeiro
em sua trama rude.

Do silêncio afiado
que na faca labute
decolam águas rubras
que se querem desfrute

da carne que lateja
seu líquido sanguíneo
a tornar-se erosão
sob o mesmo moinho.

Pois tudo reina a um triz
do corte cego no ar,
algo que se pressente
mas se busca olvidar

o furor tão sutil
como o brilho de um quartzo
a lembrar que a partida
encerra-se num lapso.

Ardis, luares, tertúlias
são só brechas no muro
da espera, ante o rilhar
da lâmina no escuro.

Tal como — ao quebra-mar —
sobre os frutos da pedra,
em seu tecido de átomo
a terra se desprega.

Tal como a rede puindo
sobre um solo de farpas
e o prumo do equilíbrio
que o temporal desata.

Ou a frase em meio-tom
— entre o outono e canícula —
tendo o enredo da vida
suspenso numa vírgula.

Como um rio V

Os griots da minha terra
são pastores de enigmas,

ungem com seus cantares
o chão do terreiro
                e a madeira
oca. Face à fogueira
                dos ancestres;
face ao ronco do eterno.

Reverbero aqui
a faísca desse oráculo;
como quem carrega o tempo
e o silêncio da espada.

Reverbero aqui
o pó que vira a luz.

Eu que broto de um vento
sem métrica,
onde nada pode o nunca.

Boi de prata *

o boi que dança comigo
no sertão da minha mente
tem toda a pele de prata
e diamante nos dentes.

brilha no sol como o povo
no terreiro da alegria
berra coberto de fogo
de fome e de fantasia.

o boi que dança comigo
no baticum das matracas
tem nos olhos dois açudes
tem nos chifres duas facas.

brinca feroz no meu peito
sonhando as águas da enchente
é o próprio boi da fartura
que vive longe da gente.

* com música de Mirabô Dantas

Tambores

sou da terra
dos tambores que falam.
E guardo no corpo a memória
que acorda o silêncio.

eu vi a lua descer
para assistir minha mãe
dançar:

a camponesa que amava
latim.

eu vi a mão preta açoitar
o tambor; eu ouvi
roncar a madeira sagrada:

o rito da voz ancestral
antes do cogito e da parabólica.

Torrão

Volto a ti, Caxias,
para lavar meus olhos
sujos de ventos
e de maresias.

E vejo que houve
incêndios
        sobre o teu
nome; e vejo
teus heróis reclusos
no horizonte ermo.

A quem pergunto
sobre os teus medos?
Que cães roeram
a tua memória?

Vasculho no pó
dos becos
        as fundações
do meu DNA e grito
à noite guardiã
da cidade anônima,
e só ouço o ontem
a bater a porta.

Ó princesa anciã dos meus
sertões, me ensina a vestir
tua nova grife!

Origem

Do mar vêm os meus ancestres
remidos pelo tacão,
sou do sal dessas marés
ante o que houve e o que hão.

Das cores que me caiaram
já não distingo a mistura,
se de feijão com torresmo
ou café com rapadura.

A terra solta em meus pés
como se de vento fosse:
guarda um disfarce no amargo
e uma cicuta no doce.

Muitos me deitam louvores
entre a varanda e o fogão,
me abraçam com a mão no coldre,
me beijam como se não.

Origem II

Da seiva que na pele me dá cor
de barro de olaria e couro de tambor,

eis-me timbrado e solto em muitas vias
sujas de outrora e de algaravias.

De tantas que eu até perdi a conta
do que me jaz por jus ou desaponta.

E em ser telúrico e alegre como os rios,
me dou em terra, em sangue e atavios;

eu próprio sendo o "quase que não vinga",
alimentado a barro de cacimba;

para tornar-me um comedor de verbos,
de sílabas com pimenta e — de soberbo —

notar que, enfim, a vida é caixa-preta,
tudo é transverso e nada ao pé da letra.

Paisagem

Não posso esquecer
meus ossos
        na paisagem,
no frio
dessas memórias de silêncio
e pedra.

Estou doente de auroras.

Crucifiquei-me com as palavras,
forasteiro em novelo de pátrias. Sou
o louco que bebe o deserto.

Com uma gota de orvalho,
busco um jardim
que reconheça as minhas digitais.

Paisagem II

Talvez só me reste
o que perdi. E este
dom de apedrejar
              abismos.
Há luas na ribalta.
E há lobos que me aguardam
no camarim.
Mas sigo a roer teu fruto
              entre algarismos
e relíquias.

Talvez só resista a névoa
destas metáforas de espinhos.

E tua selva de lábios
— tão gritante em meus sonhos —
que acorda meus pássaros.

Chão de mitos

Este é o chão dos vivos
no incorpóreo abrigo

do cerco da mente,
que se faz presente

muito além do nada,
que é a mísera estada

de ser templo e carne,
e — a um tempo — alarde
do sempre e do fim:
é o brio do jasmim;

que vence o estrume
com seu perfume:

Ou o chão das vísceras,
que alumbra a treliça

da imaginação:
Viver é paixão
feita a canivete.
E se nos compete

o lírio partido
na cara do mito,

fique ao tempo o ido
com o seu delito.

Amada

Minha amada ausente me habita
uma cidade sem nome, onde
a manhã traz o verão
para lamber seus rastros.

Minha amada é uma savana
de tílias, uma katana despida,
um martelo que me açoita as asas.

Estou ocupado em contar os dias
que lhe desnudam
             para falar com Deus.
Estou em desalinho, atravessado
de amares, noites, náufragos
e sonhos a pique.

Estou perdido em meus incêndios,
e seu olhar cai sobre mim
como o ruído da chuva.

Prisma

O que restou de nós
perdeu-se entre o machado
e o sândalo. No

prisma que enlaça
nossas estações.

Uma fenda se abriu
nos lábios, ante
o vaso partido
e um desejo
que nos chama
        a depor.

Fingi que meu cio
fosse alimento
aos teus leões domados;
sonhei que teu néctar
fosse orvalho
para a cidade em chamas.

E dormi sob o vento
e a noite ferida de raios.

Havia um punhal entre as flores.

Poesia V

Sopra em mim o aroma
dos teus enredos. Pelo
clamor da terra
        sem raízes,
pela farpa
dos esquecidos.

Uso de teus ardis
para esconder desertos,
para espantar falcões
        da minha porta (vazado
de utopias
doendo em meus parafusos).
Perdão por ser lobo
onde não há ovelhas!

Estão frias as coisas
sem teu nome: o amor
sem labaredas; a retórica
do silêncio.

Não serei resgatado de mim,
senão, por este rito
        de errâncias.

Para onde escorrem
teus rastros?

teus rios desvairados?

Pérola

Caminha indiferente
entre os chacais,
carregando a brisa
na pele de ameixa.

Há em suas ancas
de onça negra
uma altivez atávica; uma
certeza que não vende
aos mercadores.

Apenas segue, incólume,
incendiando a tarde
sem propósito.

Uma ostra que olvida
a própria pérola.

Desenredo X

Não basta arder
com as ruínas, é preciso
guardar a brasa entre os dedos. Tu

que és a possessão das asas
e o equinócio das marés.

Cada janela cerrada
é um deserto nas pálpebras,
cada embarcação
sem porto.

Querias arder com as aves
e a precária verdade das sombras?

Há de ser esta cruz de neon
rachando os frutos
e a travessia do fogo.

O mar que teu sonho inventou
está longe. Agora,
és cúmplice desse arrimo.

Por vezes,
é o amor mostrando os dentes (

ou o silêncio que discursa?).

Anda, não há romãs
em teu bosque nem
cheiro de absinto.

O que restou do caminho
segue em teus pés,
enquanto a mão destece
os labirintos.

Quem?

Para que serve esta labuta errônea
do coração ao que jamais se doma?

Quem dá partida à trama do desejo
que se distende ao acaso e ao ensejo

de um domador que dorme com a loucura?
E quem amarra os nós dessa costura

num tecido que o próprio tempo esgarça
como se feito em linhas de fumaça?

Pré-logos

I

O amor editou suas garras
em meu delírio:
            móbile/
                    meteoro
a blefar
seu fogo rasante.

De algum rugir indomável
(submerso como o pulsar
das pedras) sinto

o vórtice
do seu brilho
            na jugular.

Por isso grito
para que as palavras
me reconheçam.

Assombros, raios, névoa,
alastram-me
esta ambígua paisagem
dos olhos.

Tudo que rege
a grafia sísmica presente
no que dista
ou impalpável
como o esquecimento.

II

Trata-se de fogo
indiferente
   à combustão: caldeira
que se nutre
do que percute.

Um carpir rente ao nada,
um certo aqui/
alhures.

Ante o silêncio
   que espreita
e a febre
que desacata os limites,
um reino se declara.

E o que busca
esse deus-erê
ao revés do que exorta, ó raio
que se desgarra
a sujar de luz a vida?

Autorretrato

passei a infância
correndo atrás do sol,
pés descalços pelos matagais
por entre cascavéis e beija-flores.
cedo aprendi o milagre
das sementes: minha mãe
abria a terra
e eu semeava os milharais,
os campos de arroz e as colheitas.

— vim crescendo com a sarça hostil
sob a memória dos crânios
sem nome.

quanto à poesia,
foi se alojando aos poucos
nos latifúndios do coração,
e se tenho as mãos
especializadas na confeitaria
das palavras,
vem da herança natural do ofício
de criar e engravidar plantas.

Deslimites X (taxi blues)

eu sou o que mataram
e não morreu,
o que dança sobre os cactos
e a pedra bruta
      - eu sou a luta.
o que há sido entregue aos urubus
e de blues
em
 blues
endominga as quartas-feiras.
           - eu sou a luz
sob a sujeira.

(noite que adentra a noite e encerra
os séculos,
farrapos das minhas etnias,
artérias inundadas de arquétipos)

eu sou o ferro. eu sou a forra.

e fogo milenar dessa caldeira
elevo meu imenso pau de ébano
obelisco as estrelas.

eh tempo em deslimite e desenlace!

eh tempo de látex e onipotência!
leito de terra negra
eu sou a lança,
a arca do destino sobre os búzios.

e de *blues* a urublues
ouço a moenda
dos novos senhores de escravos
com suas fezes de ouro
com seus corações de escarro.

eh tempo em deslimite e desenlace!
eh tempo de látex e onipotência!

eu sou a luz em seu rito e sombras
— esse intocável brilho.

Memorália IV

Minha preta avó — Joana
Angélica da Conceição —, do alto
dos seus 95, sabia
o dia da morte. Detinha
seu alvará, suas locações.

Na data determinada,
amanheceu encomendando
os filhos (todos já pais
de netos):
"cuidem do Sérgio
que é cego;
cuidem do Doca,
que é manco;
cuidem do João
que é distraído.
Cuidem também da lua,
que é mãe do plantio;
cuidem do sol,
pai da colheita."

E foi-se!
Como um raio partindo
as nuvens.

Negro Soul

sou um negro,
orgulhosamente bem-nascido
à sombra dos palmares,
da grandemocracia
racial
ocidental
tropical.

sou bem um *outdoor*
de preto
com a cara pro luar
inflando a percussão
do peito
feito um anjo feliz.

sou mais que um quadro-negro
atrás de um giz: um livre livro.
e sangue de outras sagas;
e brilho de outros breus:
quanto mais me matam
mais sobrevivo.

(negro é feito cana no moedor,
sofre e tira mel da própria dor.)

vou tocando passos,
vou tocando ginga,
vou tocando, vou
a deitar sangue
nos cruzamentos,
colorindo a palidez
dos que não tem cor.

sou um negro,
rigorosamente um negro,
à sombra dos palmares
da grandemagogia
racial
ocidental
tropicálice!

Cena verbal XXX

Outra vez o mar bate em meu cais;
outra vez me rechaça o coração
poroso de espantos.
                        Eu que sou
espessura aguerrida, água
que virou sal: falo desde um não
lugar para dentro do sol que
me exalta. Dói no vento o gesto
sem verbete; a flor de orvalho
entre ruínas. Dói-me um cristal
que deslumina.
                      Onde achar-me
no múltiplo que é só um?
Chamarei de irmãos os córregos
e os relentos? Eu que sou de todos
e nenhum?

Ainda

Estou pagando as prestações
dos janeiros de minha mãe.

As casas que sonhei
são palavras-úberes
crescendo sobre a pradaria. Rebanhos
que trafegam com meus artelhos.

Aqui, ergueram-se as núpcias
verbais dançando à chuva. Sou parte
desse rito e desse esquecimento.

Aqui, esteve uma faca
sobre a mesa e a certeza
atravessando os mortos.

                                          Nas relíquias
que o sol deixa os olhos.

Hei de esperar-te, estrela inomeada,
acostado ao cortejo
do mundo (e à majestade de tuas fraturas); hei
de livrar-me do tanto
que me inundas em teu seio
de sangue e mosto.

Tu que me ensinas a morrer de mim,
a exceder meu próprio arrendamento.

Casca mítica IV

Sou herdeiro desse mar
oblíquo, que
ainda agora
ruge em meus apelos:

na fronteira do voo,
no limiar da tempestade.

Eu próprio
feito desse ardil em brasa:
chão que regurgita pérolas.

Pois o que queima é a sombra
invertebrada (mal ecoa
o inverno da loucura) e a vertigem
da cilada.

Posto que amar
é dá-se ao estábulo
onde a alma é pasto:

pois o que queima
é a treva fendida ao coração.

e a boca recolhida aos astros.

Casca mítica III

Sobrevivo de estar enfermo
de eternidades. Entornado
ao nevoeiro
das coisas ínfimas.

É insano cantar.
Uivar com os lírios secos
nesta planície ancorada.

É insano morrer.

Imagino a melodia
do corpo ardente
no passaporte para ser pássaro.

Não há sonho que escape
ao espinho.

Pária

Para Moacyr Costa e Domingos Fernandes

Onde eu nasci a servidão reinava
insone (ao rés do lento vaivém
dos dias) e estar vivo já bastava.
Onde eu cresci meu reino era ninguém.
Eu sou aquele a quem não se esperava
com a chave de um nome ou do vintém
e se algum rito interno me rondava
era uma reza que só tinha amém.
Viver era avançar em retrocesso
por entre rotas ínvias, sem acesso,
a desbravar o mar sem caravelas:
qual pária, que ao nutrir-se em seu reverso
– o nada ter lhe tendo e por tabela – ,
só restem as palavras e as estrelas.

Lacre XII

Minha asa está ferida
pelo sopro da noite,
pela respiração dos chacais.

Não quero rugir
com os insanos, mas
cingiram-me às suas cosmogonias.

Milênios sangram em mim
os mortos que assassinaram
anteontem;

e os atavios da fé
em meu coração de pólvora.

Insulado de enigmas,
ergo na sombra um amanhã
de estilhaços.

Voa, poesia,
antes que um tiro te alcance.

Poesia VIII

Te aceito como se música
a tocar-me os ossos, como
se um rito
        me abrisse
em brisa,
ó tiara de luas!
ó chão de chananas!

Vê,
o mar sangrou teus frutos
em minhas falésias. O mar
que é memória
        e sagração.

Se disseres à lua nômade:
— dança sobre as águas, ó
flor invertebrada, ela
o fará.

    Se enxotares os perdidos
na noite insana,
eles verão teus rubis.
É assim que acendes a lava
mítica
      na península em que me acordam
teus vulcões.

Como um rio VII

É como se da boca
a palavra esgarçasse
         o horizonte (e
o ardil que germina o vento).

No risco,
     o amor
se acrobata
como se o coração tivesse
patas.

Não há Cronos (esse
deus com as crinas
aparadas), apenas
o eterno em usufruto.

(Ou o cálice que transborda
com a perdição
        dos náufragos).

Não há nada além
do Nada

      perfilando
ausentes...

E a magra lã do espírito,
que é somente o verbo
sobre a pedra.

Poesia XXXIV

Ao final persiste incompleto
teu edifício de alfabeto
que até pensei que fosse casa.

Mas, é só lenha feita em brasa
(ou desejo que não se afaga?),
quanto mais queima, mais se apaga:

a tua loja de metáforas,
que não há dentro nem lá fora,
é só um jeito de morrer

de luz e de amanhecer
em cada sobra de esperança,
como se arado fosse lança.

Cresce-me a retórica aflita
ante o escárnio da vã desdita
de cão correndo atrás da sombra:

esse universo que me alonga
- ao repartir-me em acalantos – ,
em ser o mesmo sendo tantos.

Cantaria IX

Eis a chuva que inquieta
os arbítrios. A chuva
de palavras-primas: minhas
armas rutilantes

      de restituídas lendas.

Eis-me ao Fiat lux,
condenado aos nevoeiros
e ao degelo que ultrapassa
os genitais.

Devo brotar-me no inumerável
desta paixão instalada?

Tenho só as pedras rotas
de minha cega bravura (e os cactos
da noite assombrada).

A que deuses servem os órfãos
desse altar sem louvores?

Poesia XVIII

São arbitrárias tuas luas
em minha boca (e este cerco
ao rés da espada).

Tocaram-me com teu hálito
e a manhã cresceu
em meus dedos. E no coração:
esta canção de estilhaços;
esta igreja a marteladas.

Espanta-me tua voz
resoluta e a nudez
infensa aos corvos.

Espanta-me o gemido
atravessado em ti. Nesse
abrigo do sono ancestral.

Escrevo para que a morte
não nos renegue o adeus
dos vivos (nem os pequenos

louvores
que nos resgatam
       entre parênteses).

Poesia XXIX

Não contarei esse inverno
de sombra e fúria em que
se ocultam meninos
carregando luas.

Crescem cidades em minha boca;
crescem gerânios sobre ruínas

(Gosto de tua luz fugidia
de aranhas tecendo lendas; gosto
do que a solidão não ceifa).

Ó voz que transpira
aos renegados e aos inocentes
cúmplices!

Sou o louco que vomita
pérolas, agarrado a esses ramos
de anarquia e santidade.

Ainda ontem,
eu vi a nudez dos mortos vivos. E vi
a sordidez vendendo a História.

Poesia XXXII

De tanto seres o que o tempo
te exaspera, já te nascem
rasurados os vocábulos.

Não te arrogo a inocência
dos punhais nem o aroma
maternal das víboras. Refiro-me
ao sermão que amansa
                      a tempestade

Venho de domar
a terra abrupta, assinalada
pelo fogo. Venho de perdurar
com os potros de Aquiles.

Como estancar esses mares
sem geometria?

Venho de amadurar o ardil
que resvala além da página;

que já nem sei se é dor ou dádiva.

Pedra de Encantaria VI

De repente fez-se a face
nos novelos desatados (antes
que o sopro do areal
desmanche a escrita).

Ninguém traduz a árvore
de teu umbigo: teu solo
afundado de lendas (e da música
que a voz não canta).

Um mundo ilegível
te cumprimenta: ante
o *script* das rapinas.

Porém,
não estás só. Marcham
contigo a vastidão dos milênios
e as caravanas que te ouvem
sem resposta.

— Todas as coisas te reconvocam.

Nenhum pássaro canta
para si próprio

Cantaria I

Caímos ante as pérolas insanas –
ocultando a centelha
que acende as cinzas.

Caímos insólitos
sobre nós, com as proteínas
vencidas e as certezas
                provisórias.

Quem aspergiu o florescer
de estiletes –
                e o símio que errou
a porta de Deus?

Daqui,
desta ilha de presságios,
também as pedras
                se reinventam.

Daqui, deste azul
que tropeça nas aves,
digito a alma em 3-D
encerrado ao córtex verbal
em que me reverbero:

seguindo enquanto espero.

Cena verbal XVI

Nunca fui senão um domador
de fábulas. O que arrisca seus
ritos no penhasco. Nunca serei
menos que o grito e um rastro
de asas. Os ventos
               que assaltam
noites e trilhas secretas,
sabem que os sei com a flor
da pele. Sou o que está sujo
do arado

               e da terra bruta,
onde o sol põe seus óvulos. A terra
em que os sonhos brotam com sangue.

Punho da serpente

eu acompanhando o movimento da serpente
e seu diálogo com a rã.

é tanto que quando a chama
ao seu seio,
não o faz como quem mata
mas como que constrói seu ser.

e o faz com tal leveza
que a rã se esquece que é presa
e passa a ser a sua irmã.

que no combate
o punho seja assim:
quase uma imaginação,
que entre tão suave
como a nossa afeição.

Voz

Minha carne é fibra de argila e sol
verão. Ou docas onde a dor se encuba
secretamente. Sei que em meu paiol
os androides de porre dançam rumba.
No entanto flui de mim um girassol
lilás que luz, que jazz, que mais que alumbra,
esculpe as esquadrias do arrebol,
dissolve o tempo sobre a minha juba.
Já de júbilo desse pergaminho,
aceito o temporal – redemoinho
de pedras: tanto degrau... tanta esgrima...
e ao ter somente a voz como caminho,
agarro a poesia pela crina
e me arrimo na minha própria rima.

Delírica XII

Eis-me aqui assinalado
(nos órgãos e nos úmeros)
à vertigem de tua tatuagem.

Eis-me aqui marujo
atado ao porto.

E posto ao ato
- a transmutar limites –
de punhal e carne.

O fluxo da fome
em teus forames
trama o temporal,
rege a lírica dos pássaros.

E posto ao limbo
do amor e seu carimbo,

eis-me aqui
na esfera da fera.

O azul e as farpas

Sigo a sangrar, do peito ao vão das unhas,
os dardos do amor: o que há sido e o que há.
Naufragado ao vento de um cais sem mar
o que serei se alia ao que me opunha.
As farpas do desejo - esse tear
das aranhas da dor e sua alcunha
- fazem da luz do dia uma calúnia,
cravam no azul da tarde o zen do azar.
Tento amarrar o tempo e a corda é curta,
tento medir o nada e nada ajusta.
(Meus nervos tocam para os inimigos
que chegam sob o som de uma mazurca.)
Resta a mó do destino — o desabrigo
— a devolver meu pão de volta ao trigo.

Ilhéu

Ouço o mar açoitando a palavra;
a palavra que é pedra que voa.

Ouço o mar a cantar teus Açores —
um machado rasgando o silêncio.

Sou também esta pedra que canta:
uma ave cerzida ao Atlântico.

Ó Ilhéu das águas lusas,
que me deram a língua no sal
                      dos vocábulos;

ó sangue de varões assinalados
— entre o uivo do mar e o vento insondável:

todo poeta é uma ilha de estrelas!

A sagração dos lobos X

Porque tudo nos larva
no corpo e na lira:
o musgo e a pedra,
e as corporações da ira.

Porque tudo se estampa
em chamas e orifícios;
no poema-valise
e seu reino de hipóteses.

(Ainda que habitemos
no que nos transpassa...
ou no sonho: o temporal
dentro da casca).

Porque tudo se cúmplice,
feito o rio e as rãs;
e a marca sutil
de sangue nos cristais.

O que nos leva o tempo
não tem sobrenome,
só a flor da língua
lambendo a fome.

Poesia IV

É por ti que erguemos asas
no lugar do mármore.
                       Ainda
que num átimo de eternidade:
o pão que vira luz;
a dor que vira adorno.

Grudaram em tua carne
um mural
            de sevícias. Agora,
quando o amor debuta,
teus pássaros cantam
sobre as cinzas.

(A noite
ronda esta voz silvestre
a dividir com os chacais
a claridade).

- É inútil adoçar a ira!

Eu canto para perder a pele
em tuas mortes de lavanda.

Pedra de encantaria IX

É possível terçar o vento
além da cólera. No diâmetro
que a dor se lâmina.

Há um cometa ladrante,
de porta em porta —, um
delírio a vender acidentes.

Há que revirar a noite
e seu torpor de pedra;
há que triar a aurora
e a puberdade dos frutos (quanto
de ti é veneno ou floração?).

Vê-se que és cintilações
nas coisas que cantam:
na flecha que zine;
no fogo sublevado.

Vê-se que és o pendão
ferido de incêndios

aos tentáculos
que da órbita se exorbita.

Cena verbal XLVII

Agora, já não sou o que adormece
o fogo e o rumor das rapinas. Sou
este "um" que se reparte em nômades;
sou este exílio de inexistências.

São restos de palavras as ervas
do meu leito (e do breve reino
das embarcações).
               E doem para nascer;
e gritam para florir. São
brenhas (em mim) que acordam
para sonhar.
         No intervalo entre facas.

Páramos

A fera que atravessa
a praça carrega
uma paixão que rosna.

Sua alma é um furor
demográfico arrastando
a placenta — um braço
de mar

        rasgando a pedra.

(Se o próprio vento
lhe escutar o nome,
debandará minha carcaça).

Sua alma é desses paramos
em que se hospeda
        uma savana.

Desenredo VI

Ouço o latido da noite
subindo meus degraus;
as escarpas primitivas. Sinto
o novelo de sua fragrância
em meus tornozelos.

Centelhas oscilantes: aldeias
afundadas; claustros...
a noite é uma bainha
de punhais homicidas.

Sempre haverá esse lume
de arestas esmagadas. Sempre
esse léxico de órbitas
insondáveis. (

Também há lugares
que nos habitam pregos,
onde esbarramos
como num semáforo). E

esta parte
que é ladrilho e osso,
onde não sopram luares.

Só a mão
a recrutar o poema
no teorema de cicatrizes.

Viajor

Caminho no torrão
onde a língua guardou
seus trapos; sua
vertigem de lírios
e sermões. Sigo

à deriva,
entre fogueiras e degelo,
neste voo escarrado de abismo
e santidade.

Sou o viajor que carrega
a seara mítica
e a liturgia do fogo.

Sonhei uma aldeia
de vinhas
      (ou um barco
arrancado aos piratas?)

e tenho só este sol
que me queima a língua;

e tenho só esta sede inflamável
misturada ao sangue
dos bichos.

Estou contaminado de esquivas
e devires.

Lacre I

Uma larva de espinho
mordeu-me o sonho. E
atravesso a noite
         sangrando pétalas.

Com esses uns
que alumbram meus arco-íris
— através dos olhos —

durmo sob a Via Láctea
e a cortesia dos predadores.

Desolada em seu próprio
couro,
     geme a poesia
na porta do matadouro.

Magna I

Agora,
teus mitos entram na fila
por um cigarro. Houve

um dia uma lança
e um reino,
cujas lendas reprisam
os povos e o mármore.

Devagar as inscrições
se apagam
na balbúrdia do efêmero; e
estátuas de sombras
jantam teu crepúsculo.

Resta o som da memória
que nos arrasta; resta
o arresto do sonho.

(E ainda um certo mar
que nos grafou
tua alma mediterrânea).

Ouvem-se fanfarras;
ouvem-se cantos litúrgicos
aos novos deuses do níquel...

cuja insânia e acídia
secam os olhos de Homero.

A tela

O olhar nos exalta ante a projeção
de Goya no "Retrato do Matador
Pedro Romero": nada em sua face
plácida nos remete aos 5.000 touros
abatidos. Nada nos denota sua arte
de matar. Mas, ali está um punhal;
ali está o invisível rebanho de animais
sangrantes (que lhe seguem súplices
como golfassem a eternidade).
E está o toureiro – altivo em sua beca!
Sob a inevitável arte do Tempo – Senhor
do seu abate

Nômade

Se cavarem uma réstia
no teu nômade coração partido
— uma fímbria em que renasça
tua seiva de linhaça —

acharão só as relíquias
do teu sonho de palavras:

uma fogueira ecumênica
em Timor Leste; uma
tarde gris em Kathmandu.

Se lançarem runas ao mar,
sementes de oráculos — rotas
onde os deuses bebem
do teu sândalo —
verão de longe teus pés fincados
no mapa-múndi:

uma tigresa solitária
a rugir sua febre luminosa.

Do mar I

Para Olga Savary

Do íntimo desta noite
náutica
ouço o mar a rugir
sua língua
                ágrafa.

Vejo a lâmina,
vejo a ira,
                vejo a onda
a teimar com as pedras.

Ó perdido ancestre das águas!
Ó memória imemorial!

Despidos estão
os remos
na viva transparência,
na dança que enlaça
a terra
e desata os caminhos.

Vagam marujos

                    náufragos,
velam vozes
            no ermo
aos inquilinos da noite
líquida.

Sobre a córnea azulada
o tempo afia as lendas.

Ó perdido ancestre das águas!
Ó memória imemorial!

Bilro

No bilro – em conta-gotas percussivo
como num fio de orvalho rutilante –
enreda-se a rendeira em gesto altivo,
como se o voo das mãos dissesse: cante!
E diz, no labirinto remissivo
de linhas que se cruzam conflitantes
pelo refrão de outro tear-arquivo,
que o tempo descostura a cada instante:
o coração, que em sua tecelagem
de ritmos e reveses leva à estiagem
o sopro da existência e sua lenda,
num fluir secreto e com tal voltagem,
que o que se tece já não é a renda,
é a própria vida que se desemenda.

Limítrofe I

Quando o fogo rasgar
tua semente
      líquida
— e de mares forem tuas
leis —
guardarei o recorte
em meu pequeno cais.

(À parte o triunfo do ritmo
sobre o coração — naufragado
em seu ouro submerso — outro
é o veio
      anverso
a exortar
      o sol.)

Tudo zoa
tudo arrulha
para dentro do imprevisto,
como zine o azul
na memória.

Por isso
este cerco de vozes,
por isso essa armadura
ao cintilar de facas.

Sangue
é no que ardo
vívido de fonemas
e lascívia
sã.

Cingido a meu voo inacabado
o hoje é minha largura.

Anne,

Leio teu nome escrito na memória
dos que resistem para além dos muros,
colhendo frutos de pequenas glórias

e paixões miúdas — e até mesmo augúrios —,
seguindo trilhas que são só fagulhas
de vaga-lumes contra um tempo escuro.

Mas, resistindo na curva das unhas,
terçando asas onde a águia mora
com seus filhotes e suas tertúlias.

Porém, nossa alegria ainda chora
ao carregar o peso desse incômodo
de estar dentro se sentindo fora.

De tanto enaltecer a paz do lodo,
por entre ardis e usura até sangrar,
com tal cinismo que, de certo modo,

permanecemos no mesmo lugar:
se ainda não sabemos não morrer,
tampouco aprendemos a não matar.

O retorno

Para Nauro Machado

Voltam sempre os guerreiros já cansados
como Ulisses tornando à sua Ithaca
- conjurando os arcanos naufragados –
para beijar a sua terra mítica;
voltam febris de trapos remendados
terçando sabre e alguma lenda invicta,
face ao furor dos mares retornados,
face ao clamor da tarde paralítica.
Eu próprio me agarrei nesse rapel
do sonho e da desdita que aquebranta,
ao retornar ao chão que me decanta
sem nau, sem Penélope, sem corcel,
trazendo apenas o favor do céu
e um rio de palavras na garganta.

Ofício

Eis o que me enreda:
o ofício de tecer nuvens.

                        De pedra.

Terra sem nome

O solstício abriu o caminho
das águas e, com elas,
o cheiro da lenha
            e das espigas.

Bendita seja a flor do casulo
que perfuma o sangue
e a terra sem nome.

Aqui,
um tambor replicante sarou
o choro
das casas de barro
no abismo açoitado
de ventos.

E a noite passou a limpo
seus carnívoros dentes.

Cena verbal XXV

Onde os luares dos caminhos que não
vejo? Onde os meus templos e meus
mares erráticos? Que importa a vontade
ferida de nuncas? Que importa o sangue
que aduba as lendas?
                      Também a palavra
é essa asa ferida de cárceres.
                      Estou recluso
na trama da deusa que vendeu meu grito
aos eventos; estou no *grill* da urbe
que comeu seus fetos. E lavo meus olhos
no ouro da tarde que se despede sem
gemidos. E sigo sem eira a desfiar jogral.
Feito erva a brotar sobre o sal.

Cena verbal XLIII

Declamo aos jardins que brotam
desse chão primevo.
Esses palácios de mortos insurrectos,
com suas flores de éter.
                       Sou do barro
onde crescem as vinhas
para a utopia sem dor. Vim cardando
estes relâmpagos de acender
palavras ante a nudez das estações. Vim
cortando a memória aos pedaços
para servi-la aos famintos.
                       De longe
ouvi as matracas e os tambores
ávidos e era em minha carne
que tocavam.
                       Na gramática da promessa,
só os desejos não dormem

Cena verbal X

Minha voz é um tigre
               que atravessa
o pântano. Em seu chão
de símbolos, os enigmas se arrimam
para amanhecer;
               para instaurar remendos
na tarde esquecida
               sob um chão de déspotas.
Meus ascendentes são de água
e sal, de ternura e trigo, com
sua língua expandida aos espinhos.
Por isso,
       me agarra essa túnica
rasgada de outonos.
Para aquecer os filhos do inverno,
onde os brotos choram
               sobre as raízes.

Filho

Para Tiago

Contemplo em teu semblante
o meu espelho: o riso, a tez,
o imã do teu olho;
e somos pele do mesmo osso.

Procuro em teu perfil
a minha face
como se tua arquitetura
me habitasse.

Convoco os bilhões
de humanos vivos,
e só tu estás em mim (latejas
minhas vísceras,
que doem até quando
me alegras),
lavrando esta relíquia tão íntima
e insondável.

Quando acordas
é em mim que amanhece;
Quando choras,
é em mim que sangra,
como o rio na pedra seca.

Predicado do sujeito

tem que haver uma mudança na gramática.
uma mudança substancial.
que não está direito
um verbo irregular
passar a ser sujeito no plural.
deve haver um jeito
de romper os elos anormais
entre o agente da passiva
e as conjunções causais.
deve haver uma conjugação geral
de todo o pessoal interessado
na situação
da posição dos verbos na oração.
que não está direito
um verbo no passado ser sujeito.
não duvido até que possa haver
uma manifestação total dos verbos
regulares
visando uma transformação gramatical
no futuro do presente tempo estado.
que não é normal
um sujeito só com tantos predicados.

Flash

quando você expõe esse olhar de vidraças coloniais eu me perco num emaranhado de sensações obscenas, tiro partido do que posso e ligeiramente busco adsomar os condimentos necessários na conservação da seiva do meu caule. eu que sempre tentei vestir de calça nova as esperanças e bombear o coração de fôlegos transitivos. antigamente, muito antigamente, eu tinha uma obturação no peito inferior. uma obturação qualquer... de dor, de acrílico porcelana. daí as cinco chagas do exu que me açoita tempestades. daí as sete chamas do dendê que me incendeia a carne: toda vez que você me expõe esse olhar de vidraças coloniais, essa cara lambida de vaca roceira, e um sorriso encarnado em brava boca, feito morango maduro numa taça de sorvete.

Fortuna

olhar de pantera
                lúbrica
unânime em seu brilho
fiat lux.

ferve (entre as coxas) a confluência
das águas
e a submissão do fogo.

feeling de felina
                lúdica
esperteza
       impressa em seus arautos
de unhas rubras.

e nem vê que me mata
no anonimato

Verbo

o que está no verbo
está na carne
na fúria do lobo
na túnica da tarde.

o que está no vinho
está na veia
na lã que emaranha
o inseto e a teia.

o que está no rio
está no riso
no abismo que alumbra
o lago de narciso.

plasmam reticências
de auroras e ruínas
bailam sobre runas
o fogo e a pólvora
o sangue e a fortuna.

Verbo II

aceito a liturgia do verbo
e sua voragem.
aceito
    o rito
e suas pedras de fogo.
oráculo do tempo
        em revoada,
relíquia
    da persistente memória.
O verbo acena
      ao clamar dos povos
reverbera pássaros
      sob as línguas.
corações de babéis
catedrais de papéis
ancoram
    o alcorão
    na torah.
luzes saltam do vento
flores gritam nos ossos,

o olhar da mente
      transmuralha o tempo.

Horas rubras

o jeito é rugir
        a palávora
e despir a voz
de sua língua
        de sombras.
deixar que o vento sopre
a carne
até que os pelos
adormeçam os apelos.

para além das vísceras
há uma música
        que açoita os ossos
como se feita
para ninar os mortos.

as horas estão rubras
os heróis estão rotos
e a noite é dos lobos.

***Movie*mento**

agora é outra paisagem
escrita
     no plasma
e na névoa
     a fluir
entre os dedos
como ao vento
     as aves
ávidas.
agora é outro andaime
de pedras ao xadrez
do acaso:
a cidade e sua íris *fumée*.

manhãs AR-15
tardes AK-47
delinquem entre ratos
e toletes totens.

a cidade em seu afã
a comer *hot*-dogmas
e balas de mortelã.

Filme *noir*

No *hall* do viaduto
que rasga a favela ao meio
meninos levam a vida
assistindo acidentes.

Terra minha

"Minha terra tem palmeiras
Onde canta o sabiá"

Quando eu te reconheci,
havia um rio entre nós,
desde então sigo cantando
no leito da tua voz.

Quando eu te reencontrei,
já era marcado a ferro,
sem ao menos perceber
o poder do próprio berro.

Passa por mim esse *slide*
como um cinema secreto,
como se dessa passagem,
fosse meu próprio alfabeto.

Me lanço por entre mares,
por caminhos que nem sei...
para no fim retornar
ao ponto que iniciei.

Mesmo listando ao presente
as memórias do futuro,

acabo por te encontrar,
cada vez que me procuro.

Tributo a Alejandra Pizarnik

Penso em ti
que se há partido na nave ensanguentada.
Retorno a teus ritmos bêbados de abismos.
Que horas cinzas te sopraram ao nada?
Que noites cegas te lançaram ao mar?
Que andaime ergueram em teu deserto?
Quem deu-te aos lobos entre as esfinges?
Penso em ti.
que se há fendida aos astros.

Flor de amido

Ao desvendar o saco de pipocas desfruto a sensação de mastigar estrelas. Evoco as explosões em cadeias sob a tampa da panela (a conversão do azeite em fogo torna o – já despido – grão em algo que se debulha em flor). Algo que de intuir-se fervilha a maxila. E junta-se às ínfimas pepitas de sal a derme do amido. Tal que os apelos da saliva e sua espessa volúpia são meros subtextos do voo do olho ao irresistível.

Lavra

Decola do tenro
                tátil

o acesso de vozes
que ata o poema
                ao têxtil.

Um fluxo de ritmos
toma de assalto
o branco do papel.

No entanto
do que a borda transborda
nem a pa
                lavra.

Anunciação

Ouvi cantar um pássaro
— e era teu grito;
Ouvi rosnar o mar
— e era teu verso.

Estamos todos assinalados
pela servícia dos dias anônimos,
pelo delírio de resistir.
E o salitre corrói
nossas muralhas.

O que herdamos
está na conta do azul
parido a guindastre.

No entanto uma brisa
rútila
nos agrega esta ração
de palavras,

para cerzir nossa alma rasurada.

Progênie

Para Elza Dimuro

Não brotei do teu húmus,
da tua matéria orgânica:
venho de um tempo
e lugar,
açoitado de sonhos.

(Era um chão de arrozais
e rinhas,
em que plantava-se na carne;
era um sol rasante e arrimo,
em que, vitória, era sal
e farinha.)

Não nasci do plasma
que ergueu tua progênie:brotei do teu gesto,
do grão do teu olho,
que flameja onde a sarça
acende,

sob a destra de um Deus
que não cabe no nome.

Neniarias e/ou fotogramas verbais III

Meu canterrático,
        é rebento.
E digressão rupestre
para saudade e sanfona; um
talvez Éden
        perdido
no improvável
(quem me trará de volta
essa volúpia?)
O hoje está seco
        e chocalha
em meu sono
        uma fatura
sem legenda;

derrapante do que sou
a origem me socorre.

É no arder da inocência
        que se morre.

O sol de Sócrates

Tu não lutaste contra humanos ou
contra Delfos. Mas contra a sombra inculta
que ainda agora inunda o teu clamor;
muito pior que o império da cicuta.
Pobre de nós que alcançamos o torpor
do múltiplo desamor que se transmuta
nas dez mil faces desse traidor
que dia após dia nos executa.
Esta aurora de pedra. E as ruminantes
horas mudas e os sonhos derrapantes
na fuligem da história dos vencidos.
É o que chega até nós desse transplante
da tarde que se quebra em alarido;
aos farrapos do tempo consumido.

Sentença

faz muito tempo que eu venho
nos currais deste comício,
dando mingau de farinha
pra mesma dor que me alinha
ao lamaçal do hospício.
e quem me cansa as canelas
é que me rouba a cadeira,
eu sou quem surfa no trilho
e ainda paga passagem,
eu sou um número ímpar
só pra sobrar na contagem.

por outro lado, em meu corpo,
há uma parte que insiste,
feito um caju que apodrece
mas a castanha resiste,
eu tenho os olhos na espreita
e os bolsos cheios de pedras,
eu sou quem não se conforma
com a sentença ou desfeita,
eu sou quem bagunça a norma
eu sou quem morre e não deita.

Delírica V

O verbo que semeio
em tua carne é dança
de espelhos no vazio,

ícone cravado ao bronze
a que me alio.

Reina o cerco da aurora
a aspergir sinergias
de antúrio,

aroma de vagem punida

Reina o cantar — flora
do teu húmus — casca
e grão

e o amor, esse felino
— que em sua gula —
glamoura o que estrangula.

O invisível

Cavalgo sob um mar
que brota de arrecifes.
Cavalgo minhas distâncias
encravado de sóis.

Deflagram-me os eventos
ao azul de tardes
inconclusas.

Quem virá comigo
           esgrimir ao relento
aonde cantam galos
e gritam rebentos?
Quem de sangue e açoite
se alimenta de mim?

Aninham-se antúrios
nos ossos esgarçados
E danço sob a lua
dos vândalos insurgentes
e danço às fêmeas
com suas tetas de *gin*.

Revolvo o chão
que funda o sal e as avencas.

A estação vazia
que avança os trilhos
e que me alia
aos acasos de pedra

E essa instância de fogo
e cera
que arrebanha os corpos,
que desacata o mar
e a manhã.

Finíssima sanha
de ouro-vida
e veia vária
a cobrir de estrela
o pântano.

E a túnica da noite
vasta
— anfitriã do asfalto —
fátua
a grafar a urbe loba. A resvalar
a música que acalma
os insanos:

ó irmã de sangue e êxtase!
ó surto que exorta os instintos!

Somente eu e tu
— exíguo instrumento
de acender palavras.

Somente eu e o azul
e tua submersa exuberância

Tributo a Torquato Neto

hoje que você se foi
e ninguém pode negar
o que está feito:
as palavras guardadas no peito

são flores-navalhas
no chão do real;
e um poeta conhece
o tamanho da fúria
capaz de gerar um furor.

hoje que você se foi,
o tempo de chorar
também já foi se embora,
e um poeta conhece o tamanho do verso
capaz de abolir o acaso,
que as palavras são lances de dardos.

hoje que você se foi,
os bois que berravam na chapada
viraram sócios do açougue:
os néscios e os midas de sempre
silen$ifraram nossa dor.
e neste cenário de real pavor,
como num lance de touradas,
o troféu é entregue ao matador.

Haikai II

Depois que se chega ao tudo
é preciso voltar
a nado.

Cena verbal IV

Cresci com as raízes
para o dia: um animal
                desovado
sob as pálpebras.

            Depois vieram
despir-me as palavras
oblíquas na língua que ladra
pelas cicatrizes,
              na artilharia
do mar invertrebado.

A poesia é a canícula
que aquece a chuva
sobre os corações.

Magna II

Tua agonia está sangrando
em nós: cada
            granito
que se desprende
da Acrópole silenciosa.

Teus deuses de pés de barro
estão sob-júdice (o estômago
dos bancos não te deixa
dormir?).

Os cérebros deslumiados
perderam o tino
e retalham teus milênios
em jogatinas; e

quando anoitece nas tabernas,
o fantasma de Helena cafetina.

Ó decrépta insanidade!
Ó magna mãe dos mitos!
Não te agacha ainda
sob a tua velhice,
guarda um pedaço de brio
para a volta de Ulisses.

Magna III

Já não é o altivo arcano
que lavrou a febre de Sócrates;
já não são os deuses
                      trágicos,
que ungiram heróis e rapsodos.

A carne do sonho
está murcha. Os vândalos
adonaram-se do templo;
os vândalos e suas mitologias
fast-food.

Indecifráveis são as pegadas
do teu mármore, que
nos traz o ontem
feito de espelhos
e extensa luta.

Em teu colo,
os novos dias se debatem
entre a voz dos mares
                      e a flor de cicuta.

Lacre III

O mundo em seu lacre
de vidro,
      agenda-se
para nutrir abismos: seu
tempo em demasia.

(E os anjos jantando crack,
e os porcos na sacristia).

Por isso edito esta cruz de sabres
nesse cardume de ontens,
nesse arremedo de eternidade.

Juro que vi
o século enfermiço decapitado
na cara da TV (a morte globalizando-se
em Pedrinhas ou em Kandarhar);

juro que vi
a morte narcísica
e seu personal trainer: não matam
para inflamar os céus, matam pelo prazer de doer, matam
para querer ser Deus.

Lacre IV

Assim feito um cão
que morde a sombra,
a boca da rua
         lambe
a cicatriz da noite sem ferrolho;
a partilha do eldorado entre víboras.

Assim feito esfinge
           de sombras
na espreita, nada
resiste a este olhar recluso;
nem a lua entre as carcaças,
nem a última "Flór do Lácio".

Ó crosta da memória em chamas,
que nos funda e finda
em trama, em treva, em Tróia!

Do outro lado da lágrima,
uma aranha insondável
              tece o dia.

Relíquia

Quem segura o telhado
desses mortos
fabricados entre a ceia
e a hora do esterco?
Esses que ardem
      onde medra
o sangue?

Acossadas
aos subúrbios da carne
estão suas obras completas,
perfiladas no nada

e o medo que ceifou
nossas unhas.

No rastro dessa névoa-
nave (ainda) exorta
uma cigarra louca.

Estarão prontos os vivos
de amanhã,
para guardar nossa relíquia
de mortos?

Ecos de sã-disse

Para Arthur Bispo do Rosário

I
Trapos de Babel a pique
prole feram signos de
               xadrez Duchamp
Warhol Rosário órion
desatino em célula celeste
               cores crúcis.
via tempo e terra lenda
manicômios carrosséis
               de laborárduos
cactos
dardos dentre vários ardem passos
precipício e só
mosaicos nacos de luares
               deuses mares mudos
vazam veros mundos
               anjos da vertigem
lúcida sandice.

II
Era um rei sem reino
um rei de outro mundo
como a foz de um rio
que não tenha fundo.

Era um rei disperso
pelas suas obras
era um rei plantado
num trono de sobras.

Não havia ontem
não havia antes
era um rei distinto
era um rei distante.

Conheceu a dor
e seu desencanto
e viveu tranquilo
igualzinho a um santo.

Conheceu o inferno
e seu desengano
e quedou-se impávido
como o oceano.

Descartou seus trunfos
no jogo mais duro
era um rei de espadas
era um rei de ouro.

Memorália I

A chibata nos sujou de maldições.
Desde as caravelas, desde
a rota dos tubarões (onde
excretou-se o vil
ao sangue).

Toda a partilha está contaminada.
(Nossa alma cheira o mal do mar).

Precisamos lavar nosso atlântico.

Kuarup

dos seis milhões
em mil e quinhentos
restou apenas
         uma legião
de vultos
soletrando
        uma algazarra
             zorra,
um kuarup de calça jeans.

os outros foram mortos
até os que estão vivos
até os que não nasceram.

Yanomami

Para Sapain e Américo Peret

Quando vierem os filhos
do mênstruo
com suas línguas de pólvora,
quando vierem as ordas
rudes,

chama Tupã
chama Xamã

Quando vier a luz sangrenta,
quando vierem os deuses homicidas.
com sua sede de pedras,

chama Tupã
chama Xamã

Quando os lugares sagrados
forem tocados a noite virá!

Virá como o hálito da manhã
Pois estarei me pondo
fraco;

a noite virá como o vento
pois estarei morrendo:

quando o rio grifar
na terra ácida
sua legenda de sangue.

Ó vento que alinha o destino!
Ó rito que fala os ancestres!

chama Tupã
chama Xamã.

Fero

Tento esculpir a litania
dos pássaros
e as palavras mordem
a inocência. Aferram-se
ao que é de pedra
e perda.

(Canto ao coração e tudo é víscera
como na savana.)

Restolhos de espera
e crimes;
insights de insânia
e súplica; volúpias insolúveis
acossam-me a página
em branco
qual bandido bárbaro
ou mar revolto
a rasgar a calha
do poema.

Nada me resgata.
Não sei se sou quem morre
ou quem mata.

Limítrofe V

Teus olhos água lúmen
    na xícara de chá.

São duas ervilhas
    virgens:
tuas ogivas ágeis.

Falam pela cónea exilada
em mim

que rasga à flor do lábio
o hálito de pequenas
mortes.

Um a um, os teus gestos
grifam
  secretos acervos
mesmo quando púrpura
rosna
a cidade dos humores.

Agarro-me
  a teus capilares:
rotas de fuga
   e permanência.

A nudez nos aborda
nas entrelinhas
               tortas
e nos desacordes.

Livres do cerco de fogo
erguemos no pó
               nosso ramo de fábulas.

Aves e víveres

Aves em busca de víveres, voamos
tontos de luz e dos apegos vãos;
e se ao longe avistamos frutos sãos
não raro erramos o lugar dos ramos.
Pois é de nós que nos embaraçamos
nos mínimos véus, nos pequenos grãos;
e se é incompleto o que nos chega às mãos
mas tão pouco é sublime o que doamos.
São dardos zoando a música do espanto
e tanta lácera e desertos tantos
esgarçando no molde a própria vida
que o tecido do amor já vem puído.
E qualquer um de nós cede ao descuido,
sob a febre da morte consentida.

Reza Urbana

Os pés virados para ontem
ao sol (vira-lata) dos dias
que não serão.

E o sangue tísico na areia
a zombar da metafísica.

— Cala, calaba da bala!

Noite de narco amanhecer
rasgada sobre os tabloides,
noite em *striptease*
noite que amamenta
os lobos,

Cala bala, bala laica!

Creio na urgência
do sangue de Deus
sobre o rio de máscaras;
e creio no que labuta
sob a cicuta.

Ó salve rainha,
mãe da misericórdia

vida doçura
esperança nossa...

— Cala bala, calabar!

A voz que vem dos poros (Alien)

Aqui meus pés testemunham
sobre as salamandras (e os códices
da pele e seus apelos).

Trouxeram-me à mesa
este léxico de mitos
e sou o bárbaro
que insufla vocábulos — ó
rastro que se apaga
e se afirma no que fora!

Ó entes que atravessam
esse logos sujo de mortos!

Ponho-me aos mares sem as naus:
os mares enfermos de cicatrizes.

Ponho-me junto ao cais
com esta música verbal
entredentes.

II
O tempo voraz ensinou-me
a escrever contra o vento: a tecer
malharias sobre o pó.

O tempo de esterco a comer
com as savanas.

E sigo a recolher passados
enquanto durmo
atravessado de espelhos
e bandeiras de sangue.

Já nada mais é silêncio
em minha carne frugal
em que pássaros cantam
para ninguém.

Talvez seja só o presságio
que anuncia o tirano;

talvez seja a rinha
em que Deus nos deixa
à própria sorte,

também as pedras
sabem meus joelhos.

E o tempo voraz bate
à porta:

o Allien está solto
      e tem fome.

Índices

Por publicações

Ebulição da escrivatura: treze poetas impossíveis (1978)
Flash, p. 173
Predicado do sujeito (Acordel n.º 2), p. 171

Punhos da serpente (1989)
Autorretrato, p. 77
Boi de prata, p. 47
Felino, p. 19
Haicai II, 213
Negro Soul, p. 83
Punho da serpente, p. 117
Sentença, p. 203
Tambores, p. 49
Tributo a Torquato Neto, p. 211

Palávrora (1995)
Deslimites X (taxi blues), p. 79
Fortuna, p. 175
Horas rubras, p. 181
Kuarup, p. 231
*Movie*mento, p. 183
O poeta e as coisas, p. 33

Verbo 2, p. 179
Verbo, p. 177
Voz, p. 119

O beijo da fera (1996)
A fênix, p. 29
Delírica V, p. 205
Delírica XII, p. 121
O azul e as farpas, p. 123
O canto, 35
O invisível, p. 207

Mural de ventos (1998)
Anunciação, p. 195
Aves e víveres, p. 239
Ecos de sã-disse, p. 227
Filho, p. 169
Flor de amido, p. 191
Lavra, p. 193
Relíquia, p. 225
Reza urbana, p. 241
Terra minha, p. 187
Tributo a Alejandra Pizarnik, p. 189

Sol sanguíneo (2002)
Bilro, p. 151
Da lâmina, p. 43
Do mar I, p. 149
Do tempo, p. 27
Fero, p. 235
Limítrofe I, p. 153
Limítrofe V, 237
Mater, p. 31
Yanomami, p. 233

Solo de gaveta (2005)
Aboio, p. 25
Filme *noir*, p. 185
Nômade, p. 147
Pária, p. 93
Progênie, p. 197
Réstia, p. 37

A pelagem da tigra (2009)
A pelagem da tigra, p. 21
Pré-logos, p. 75
Quem? p. 73

O mapa da tribo (2013)
Ladrante, p. 39
Neniarias e/ou fotogramas verbais III, p. 199
O retorno, p. 157
Ofício, p. 159
Origem II, p. 55

Origem, p. 53
Paisagem II, p. 59
Paisagem, p. 57
Terra sem nome, p. 161
Torrão, p. 51
Trans, p. 23

Ópera de nãos (2015)
Amada, p. 63
Chão de mitos, p. 61
Ilhéu, p. 125
Lacre I, p. 141
Lacre III, p. 221
Lacre IV, p. 223
Lacre XII, p. 95
Magna I, p. 143
Magna II, p. 217
Magna III, p. 219
Nudez, p. 41
Prisma, p. 65
Viajor, p. 139

Avessos avulsos (2016)
Cena verbal IV, p. 215
Cena verbal X, p. 167
Cena verbal XLIII, p. 165
Cena verbal XLVII, p. 133
Cena verbal XVI, p. 115
Cena verbal XXV, p. 163
Cena verbal XXX, p. 85

A sagração dos lobos (2017)
A sagração dos lobos I, p. 17
A sagração dos lobos X, p. 127
Como um rio V, p. 45
Como um rio VII, p. 99
Páramos, p. 135
Poesia IV, p. 129
Poesia V, p. 67
Poesia VIII, p. 97

A casca mítica (2019)
A tela, p. 145
Anne, p. 155
Casca mítica III, p.91
Casca mítica IV, p. 89
Desenredo VI, p. 137

Desenredo X, p. 71
Memorália I, p. 229
Memorália IV, p. 81
O sol de Sócrates, 201
Pérola, p. 69

Pedra de encantaria (2021)
Ainda, p. 87
Cantaria I, p. 113
Cantaria IX, p. 103
Pedra de encantaria IX, p. 131
Pedra de encantaria VI, p. 111
Poesia XVIII, p. 105
Poesia XXIX, p. 107
Poesia XXXII, p. 109
Poesia XXXIV, p. 101

Por poemas

A fênix, p. 29 — *O beijo da fera (1996)*
A pelagem da tigra, p. 21— *A pelagem da tigra (2009)*
A sagração dos lobos I, p. 17 — *A sagração dos lobos (2017)*
A sagração dos lobos X, p. 127— *A sagração dos lobos (2017)*
A tela, p. 145— *A casca mítica (2019)*
Aboio, p. 25 — *Solo de gaveta (2005)*
Ainda, p. 87— *Pedra de encantaria (2021)*
Amada, p. 63— *Ópera de nãos (2015)*
Anne, p. 155— *A casca mítica (2019)*
Anunciação, p. 195 — *Mural de ventos (1998)*
Autorretrato, p. 77 — *Punhos da serpente (1989)*
Aves e víveres, p. 239 — *Mural de ventos (1998)*
Bilro, p. 151 — *Sol sanguíneo (2002)*
Boi de prata, p. 47 –- *Punhos da serpente (1989)*
Cantaria I, p. 113— *Pedra de encantaria (2021)*
Cantaria IX, p. 103— *Pedra de encantaria (2021)*
Casca mítica III, p.91— *A casca mítica (2019)*
Casca mítica IV, p. 89— *A casca mítica (2019)*
Cena verbal IV, p. 215 — *Avessos avulsos (2016)*
Cena verbal X, p. 167 — *Avessos avulsos (2016)*
Cena verbal XLIII, p. 165— *Avessos avulsos (2016)*
Cena verbal XLVII, p. 133— *Avessos avulsos (2016)*
Cena verbal XVI, p. 115— *Avessos avulsos (2016)*
Cena verbal XXV, p. 163— *Avessos avulsos (2016)*
Cena verbal XXX, p. 85— *Avessos avulsos (2016)*
Chão de mitos, p. 61— *Ópera de nãos (2015)*
Como um rio V, p. 45— *A sagração dos lobos (2017)*

Como um rio VII, p. 99 — *A sagração dos lobos (2017)*
Da lâmina, p. 43 — *Sol sanguíneo (2002)*
Delírica V, p. 205 — *O beijo da fera (1996)*
Delírica XII, p. 121 — *O beijo da fera (1996)*
Desenredo VI, p. 137 — *A casca mítica (2019)*
Desenredo X, p. 71 — *A casca mítica (2019)*
Deslimites X (taxi blues), p. 79 — *Palávrora (1995)*
Do mar I, p. 149 — *Sol sanguíneo (2002)*
Do tempo, p. 27 — *Sol sanguíneo (2002)*
Ecos de sã-disse, p. 227 — *Mural de ventos (1998)*
Felino, p. 19 — *Punhos da serpente (1989)*
Fero, p. 235 — *Sol sanguíneo (2002)*
Filho, p. 169 — *Mural de ventos (1998)*
Filme noir, p. 185 — *Solo de gaveta (2005)*
Flash, p. 173 — *Ebulição da escrivatura: treze poetas impossíveis (1978)*
Flor de amido, p. 191 — *Mural de ventos (1998)*
Fortuna, p. 175 — *Palávrora (1995)*
Haicai II, 213 — *Punhos da serpente (1989)*
Horas rubras, p. 181 — *Palávrora (1995)*
Ilhéu, p. 125 — *Ópera de nãos (2015)*
Kuarup, p. 231 — *Palávrora (1995)*
Lacre I, p. 141 — *Ópera de nãos (2015)*
Lacre III, p. 221 — *Ópera de nãos (2015)*
Lacre IV, p. 223 — *Ópera de nãos (2015)*
Lacre XII, p. 95 — *Ópera de nãos (2015)*
Ladrante, p. 39 — *O mapa da tribo (2013)*
Lavra, p. 193 — *Mural de ventos (1998)*
Limítrofe I, p. 153 — *Sol sanguíneo (2002)*
Limítrofe V, 237 — *Sol sanguíneo (2002)*
Magna I, p. 143 — *Ópera de nãos (2015)*

Magna II, p. 217— *Ópera de nãos (2015)*
Magna III, p. 219— *Ópera de nãos (2015)*
Mater, p. 31 — *Sol sanguíneo (2002)*
Memorália I, p. 229— *A casca mítica (2019)*
Memorália IV, p. 81— *A casca mítica (2019)*
Moviemento, p. 183 — *Palávrora (1995)*
Negro Soul, p. 83 — *Punhos da serpente (1989)*
Neniarias e/ou fotogramas verbais III, p. 199— *O mapa da tribo (2013)*
Nômade, p. 147— *Solo de gaveta (2005)*
Nudez, p. 41— *Ópera de nãos (2015)*
O azul e as farpas, p. 123 — *O beijo da fera (1996)*
O canto, 35 — *O beijo da fera (1996)*
O invisível, p. 207 — *O beijo da fera (1996)*
O poeta e as coisas, p. 33 — *Palávrora (1995)*
O retorno, p. 157— *O mapa da tribo (2013)*
O sol de Sócrates, 201— *A casca mítica (2019)*
Ofício, p. 159— *O mapa da tribo (2013)*
Origem II, p. 55— *O mapa da tribo (2013)*
Origem, p. 53— *O mapa da tribo (2013)*
Paisagem II, p. 59— *O mapa da tribo (2013)*
Paisagem, p. 57— *O mapa da tribo (2013)*
Páramos, p. 135— *A sagração dos lobos (2017)*
Pária, p. 93— *Solo de gaveta (2005)*
Pedra de encantaria IX, p. 131— *Pedra de encantaria (2021)*
Pedra de encantaria VI, p. 111 — *Pedra de encantaria (2021)*
Pérola, p. 69— *A casca mítica (2019)*
Poesia IV, p. 129— *A sagração dos lobos (2017)*
Poesia V, p. 67— *A sagração dos lobos (2017)*
Poesia VIII, p. 97— *A sagração dos lobos (2017)*
Poesia XVIII, p. 105— *Pedra de encantaria (2021)*

Poesia XXIX, p. 107 — *Pedra de encantaria (2021)*
Poesia XXXII, p. 109 — *Pedra de encantaria (2021)*
Poesia XXXIV, p. 101 — *Pedra de encantaria (2021)*
Predicado do sujeito (Acordel n.º 2), p. 171 — *Ebulição da escrivatura: treze poetas impossíveis (1978)*
Pré-logos, p. 75 — *A pelagem da tigra (2009)*
Prisma, p. 65 — *Ópera de nãos (2015)*
Progênie, p. 197 — *Solo de gaveta (2005)*
Punho da serpente, p. 117 — *Punhos da serpente (1989)*
Quem? p. 73 — *A pelagem da tigra (2009)*
Relíquia, p. 225 — *Mural de ventos (1998)*
Réstia, p. 37 — *Solo de gaveta (2005)*
Reza urbana, p. 241 — *Mural de ventos (1998)*
Sentença, p. 203 — *Punhos da serpente (1989)*
Tambores, p. 49 — *Punhos da serpente (1989)*
Terra minha, p. 187 — *Mural de ventos (1998)*
Terra sem nome, p. 161 — *O mapa da tribo (2013)*
Torrão, p. 51 — *O mapa da tribo (2013)*
Trans, p. 23 — *O mapa da tribo (2013)*
Tributo a Alejandra Pizarnik, p. 189 — *Mural de ventos (1998)*
Tributo a Torquato Neto, p. 211 — — *Punhos da serpente (1989)*
Verbo 2, p. 179 — *Palávrora (1995)*
Verbo, p. 177 — *Palávrora (1995)*
Viajor, p. 139 — *Ópera de nãos (2015)*
Voz, p. 119 — *Palávrora (1995)*
Yanomami, p. 233 — *Sol sanguíneo (2002)*

Esta obra foi composta em Arno pro light 13 e impressa para
a Editora Malê, pela Gráfica Exklusiva, em Curitiba,
em agosto de 2023.